LE BIOGRAPHE UNIVERSEL.

PUBLICATIONS

de la Revue générale Biographique, Politique et Littéraire.

GALERIE DE LA NOBLESSE.

II.

MONTMORENCY (Maison de).

PARIS.

Bureau Central de la Revue générale Biographique, Politique et Littéraire,

Rue Louis-le-Grand, 9.

1842.

GALERIE DE LA NOBLESSE.

SOUS PRESSE :

NOAILLES. — MORTEMART. — MORNAY. — LUSIGNAN. — DREUX - BRÉZÉ. — FLAHAUT. — BIRON. — BROGLIE. — CHOISEUL. — CHABRILLAN. — CHANALEILLES. — CRISNOY. — GRAMONT. — CRAON — CRILLON. — SEYMOUR. — FORTIA-D'URBAN. — LA ROCHEFOUCAULD. — TURENNE. — D'OSMOND. — BEAUMONT. — LUYNES. — BRISSAC. — CASTRIES. — CHASTELLUX. — COIGNY. — HARCOURT. — LA FORCE. — LA GUICHE. — RICHELIEU. — Etc., etc

MONTMORENCY (Maison de).

Egards et justic pour tous.

IMPRIMERIE DE Mᴹᴱ DE LACOMBE,
rue d'Enghien, 12,

MONTMORENCY (Maison de).

Dieu ayde au premier baron chrestien !

A quatre lieues nord-est de Paris, dans l'ancienne province de l'Ile de France, existait déjà en 950, la petite ville de Montmorency, appelée alors *Mons morentiacus*. Son château dominait une vallée agréable parsemée de bourgs appar-

tenant au même seigneur. Ce seigneur était Burchard de Montmorency; un diplôme de Lothaire,
de l'année 958, où il est autorisé à fonder un
monastère à Braie-sur-Seine, le qualifie d'homme de guerre (*miles*), et le dit fils du duc Albéric
et neveu d'Edred, roi d'Angleterre. Tel est le
premier ancêtre connu de la maison de Montmorency, de cette maison illustre qui, prenant naissance près du berceau de la dynastie capétienne,
devait, à côté du trône et l'appuyant parfois de
sa puissance, jeter à travers les siècles l'éclat
d'une gloire continue et sans rivale; tel est, à
neuf cents ans d'intervalle, l'ascendant direct du
duc Anne-Charles-François de Montmorency.

Il était assez glorieux, ce semble, de remonter
par une généalogie authentique, et sans interruption, jusqu'aux temps où commençait la maison royale dans la personne de Robert-le-Fort,
jusqu'à l'époque de laquelle datent les premiers
documens historiques de France; mais comme
c'est souvent le sort des meilleures choses d'être
poussées à l'extrême, il s'est trouvé des esprits
hardis et ingénieux qui ont prétendu aller au-
delà et suivre, à travers le chaos des annales
mérovingiennes, la descendance des Montmorency. Les uns les ont rattachés à un prétendu

Lisoie, compagnon de Clovis et baptisé avec lui ; d'autres ont vu le premier chef de leur famille dans un noble Gallo-Romain nommé Lisbius, qui exerça l'hospitalité envers saint Denys, et conquit avec ce premier apôtre des Gaules la palme du martyre. Ces traditions, sans valeur aucune pour les faits qu'elles mentionnent, prouvent néanmoins, par leur existence même, l'ancienneté d'une famille qui, déjà au dixième siècle, était assez considérable pour que son chef obtînt la main de la fille de Thibaut-le-Tricheur, comte de Chartres et de Blois, et méritât, dans l'histoire, une distinction honorable parmi les guerriers du roi Lothaire qui combattirent contre Othon Ier, empereur d'Allemagne. Burchard, dans cette guerre, avait enlevé à l'ennemi quatre enseignes impériales, et, pour consacrer le souvenir de ce fait militaire, il orna la croix de ses armes des quatre aigles que portaient les bannières conquises. Telle est l'origine des armoiries de la maison de Montmorency ; un trait de bravoure plus grand encore, leur donna plus tard un glorieux complément. C'était à Bouvines, Mathieu, le septième descendant de Burchard, monté sur un grand cheval de bataille, toujours le premier dans la mêlée, y combattit comme Achille devant Troie, suivant les expressions d'une vieille chronique de Flandre. Voyant un instant ses hommes de guerre hésiter en présence d'un gros d'ennemis, il se précipita au front de leurs bataillons et y renversa de sa main douze bannières impériales. Après la victoire, Philippe-Auguste voulut que Mathieu ajoutât à ses armes douze aiglettes nouvelles.

Aujourd'hui, les armes des aînés de la famille de Montmorency sont d'or, à la croix de gueules, cantonnée de seize alérions d'azur, surmontée d'une couronne princière sur l'écu, et d'une couronne ducale sur le manteau. Les tenans sont deux anges ; la devise : *Dieu ayde au premier baron chrestien* ; la légende : ἀπλᾶνος.

Nous l'avons fait voir, Burchard, le premier seigneur connu de la ville de Montmorency, était déjà un personnage important au milieu du dixième siècle, et, s'il nous est impossible de retrouver ses aïeux dans l'histoire, c'est moins sans doute la faute de leur illustration que celle des temps. L'usage des noms de famille s'était perdu depuis les Romains ; il ne reparut qu'au dixième siècle après l'établissement complet du régime féodal, lorsque l'hérédité fut devenue la loi générale des fiefs. Désignés jusque-là par des noms

propres seulement ou par des surnoms, les seigneurs prirent, dès cette époque, le nom de leurs
terres, et c'est à cette révolution onomatologique
que les Montmorency, comme toutes les anciennes familles de la noblesse, durent d'apparaître
dans l'histoire.

Les sires de Montmorency n'eurent jamais ce
degré d'indépendance presque absolu dont joui-
rent certains grands vassaux de France, à une
époque de troubles et de confusion politique où
les rébellions étaient d'autant plus nombreuses
que la monarchie était plus impuissante à les
comprimer. Mais, si leur attachement inaltérable
à la famille de leurs rois les maintint, dans les
luttes de la féodalité, toujours fidèles serviteurs
du trône, ils eurent la gloire plus grande et plus
difficile de commander souvent à tout le royaume, à côté des rois, leurs pupilles ou leurs amis.
C'était ce long apprentissage de la science du
gouvernement qui faisait dire à Henri IV, que si
la maison des Bourbons venait à s'éteindre en
France, nulle n'était plus digne de la remplacer
que celle des Montmorency. Six d'entre eux por-
tèrent avec gloire l'épée de connétable; onze le
bâton de maréchal; d'autres furent amiraux,
grands sénéchaux, grands maîtres, grands cham-

bellans, chevaliers de Saint-Michel, de la Toison-
d'Or, de la Jarretière, de Saint-Georges. Les por-
traits des principaux de ces personnages sont aujourd'hui réunis dans le Musée historique de Ver-
sailles, et en retrouvant dans toutes les galeries
les nobles traits de quelque membre de cette famille, on se demande avec surprise comment une
seule race a pu produire tant de grands hommes !

Sous Philippe-le-Bel, les seigneurs de Montmorency portaient déjà le nom de premiers barons de France, et ils le conservèrent encore,
alors même que leur baronnie fut constituée en
duché. Quant au titre de baron, c'était, au trei-
zième siècle, celui de tous les vassaux immédiats
de la couronne : les plus grands seigneurs, les
primats, les évêques, les princes s'en honoraient.
Mais c'est ici le cas peut-être d'expliquer pourquoi ils s'intitulèrent les *premiers barons*, quali-
fication passée sans conteste dans l'histoire. En
voici sans doute l'origine. Lorsqu'un des aïeuls de
Hugues Capet s'empara du duché de France, les
sires de Montmorency devinrent les vassaux de
ce dernier, et comme ils étaient les plus puissans
de la province, ils prirent le premier rang parmi
les barons du duché. Hugues étant, par la suite,

arrivé au trône, le premier baron du duché suivit le mouvement d'ascension de son suzerain,
et resta, par son illustration et l'ancienneté de
ses prérogatives, en possession du premier rang
à la cour du nouveau roi. Ce ne fut cependant
qu'en 1390 que Jacques Ier, sire de Montmorency,
prit définitivement le titre de premier baron
chrétien, après avoir prouvé toutefois qu'il était
le plus ancien baron du royaume. Ce fut sans
doute pour les mêmes causes, et à la même époque, que le premier seigneur de la *chrétienté*
(évêché) de Paris, devint le premier chrétien ou
le premier baron chrétien. Mais laissons là de
vaines questions d'origines, pour ne voir que la
grandeur et la justesse d'un titre porté par une
longue suite de héros qui furent toujours les plus
ardens et les plus dévoués appuis de l'autel et du
trône. Certes, grâce à leur valeur, ils n'eurent
jamais besoin de rompre une lance pour soutenir leurs justes prétentions; et ce titre de premier baron chrétien que leurs vertus légitimaient,
ils le préférèrent toujours eux-mêmes à cet autre de : *sires, par la grâce de Dieu*, apanage des
têtes couronnées et qui long-temps fut aussi le
leur.

Nous le voyons, l'illustration des titres ne

manqua pas plus à la maison de Montmorency que l'ancienneté de race, et, ce qui fut rare dans tous les temps, les titres ne furent jamais pour elle une vaine parure. Du côté des alliances, même grandeur, même magnificence; elle a donné des épouses à un grand nombre de princes de l'Europe, et ses chefs se sont unis souvent à des filles et à des veuves de rois. Sa descendance fut des plus brillantes et des plus nombreuses; par ses mariages, elle a donné naissance aux premières maisons de la noblesse de France; et, tandis que le tronc vigoureux produisait d'abondans rejetons, ces rejetons, à leur tour, tiges fécondes de branches nouvelles, venaient rattacher à une commune origine cent familles diverses. De la souche des Montmorency sont issus les seigneurs de Montlhéri, de Marly, de Nangis et de la Houssaye, de Conflans, de Breteuil et Beausault, de Laval, de Gisors, de Bouqueval et Goussainville, de Nivelle, de Croisilles et Courrières, de Bours, de Laval-Loué, de Rais, de Laval-Châtillon, de Laval-Lezay, de Fosseux, de Bouteville, aujourd'hui Luxembourg; de Wastines et de Robèque, et tant d'autres. La plupart de ces familles sont aujourd'hui éteintes, quelques-unes soutiennent encore avec éclat leur antique noblesse ; telle est celle de Montmorency-Fosseux, maintenant l'aînée et la première de la race, celle à laquelle appartient le duc actuel dont nous allons bientôt raconter la vie.

Nommer la longue suite des héros de la maison de Montmorency, enregistrer leurs actes de courage et de vertu, compter les dignités qui furent le prix de leurs services, serait chose impossible dans les étroites limites de cette notice ; il faudrait pour cela plusieurs volumes, et ce travail n'est plus à faire. Cette maison a eu des historiographes comme celle des rois ; André Duchesne, Désormeaux et vingt autres, ont laissé sur elle des ouvrages d'histoire. Notre tâche doit se borner à dire quelques mots sur ses destinées générales avant d'arriver à l'espèce de révolution dynastique qui changea l'ordre de succession dans cette grande seigneurie et déshérita les Montmorency-Fosseux au profit de la branche cadette.

Dans les deux premiers siècles de leur existence, les seigneurs de Montmorency, les premiers de la cour de France, avaient vu chaque jour apporter un nouveau degré à leur puissance. Mathieu Ier, sixième seigneur de Montmorency, honoré de la dignité de connétable qu'avait possédée

son grand-oncle et qu'il devait transmettre presque héréditairement dans sa famille, avait épousé
dans un premier mariage, Aline, fille naturelle
de Henri Ier, roi d'Angleterre. Devenu veuf en
1150, ce fut sur Alix de Savoie, mère de Louis-
le-Jeune, qu'il osa porter ses prétentions, et la
reine de France lui donna sa main, de l'avis de
tous les hauts barons du royaume qui n'eurent,
dans cette alliance, qu'une pensée politique, celle
d'assurer au roi, encore enfant, l'appui efficace
des Montmorency. Pendant l'expédition de Louis-
le-Jeune en Palestine, Mathieu partagea avec la
reine-mère et le célèbre abbé Suger, l'administration des affaires du royaume. Presque toutes
les chartes de ce règne portent le sceau du connétable. Il mourut en 1160. Mathieu II, dit *le
Grand*, qui prit, comme nous l'avons vu plus
haut, une grande part à la victoire de Bouvines,
descendait par sa mère, Laurence de Hainaut, de
la famille des rois carlovingiens; il fut connétable
comme son aïeul. Emule de gloire de Philippe-
Auguste, ami de son successeur, il fut encore le
soutien généreux de saint Louis. Louis VIII, durant le court espace de temps qu'il avait passé sur
le trône, n'avait pu, comme ses prédécesseurs,
faire sacrer son fils de son vivant, et il se voyait

mourir au milieu des vives inquiétudes que lui inspirait le sort de son héritier; il envisageait, avec une juste défiance, l'ambition des grands du royaume qui ne cachaient plus les espérances que faisait naître en eux la perspective d'un règne faible et mal assuré. A ses derniers momens, Louis fit appeler dans sa chambre les princes et les barons de sa cour, et, quand il les vit assemblés autour de lui, portant ses regards mourans sur Mathieu de Montmorency, il le conjura dans les termes les plus vifs de veiller sur son fils au berceau. Le connétable le promit, dit la chronique de Philippe Mouskes :

> Et Mahius de Montmorency
> Proya-t-il que par sa mercy
> Presist en garde son enfant
> Et il l'octroya en plorant.

L'occasion se présenta bientôt pour Mathieu de tenir son serment. Les grands seigneurs de la France s'étaient ligués contre le nouveau roi, comme l'avait prévu Louis VIII; et ils auraient compromis l'existence du trône sans le dévouement et la bravoure du tuteur de la monarchie. Champion dévoué de la reine Blanche de Castille, encourageant de sa protection les sublimes efforts de cette mère courageuse, il déjoua toutes les tentatives, brisa toutes les résistances. Vainqueur des ennemis du dedans, il alla ensuite disputer le sol de la France aux Anglais qui s'avançaient de plus en plus dans la Guyenne; il arrêta leurs progrès, les réduisit à la disette et anéantit leurs troupes; après cela, il mourut. Mathieu n'avait pris, durant sa vie, que le titre de baron, et, par ses alliances, il était grand-oncle, oncle, beau-frère, neveu et petit-fils de deux empereurs et de six rois. On disait de lui que sa parenté s'étendait d'une mer à l'autre. Toutes les têtes couronnées de l'Europe sont descendues de ce héros par le mariage de Jeanne de Laval, sa petite-fille, avec Louis de Bourbon, comte de Vendôme, qui fut le trisaïeul de Henri IV.

Dans la personne de Mathieu-le-Grand, la maison de Montmorency est arrivée à son plus haut degré de splendeur; désormais, tout en conservant le même courage et les mêmes vertus, et peut-être à cause de ces vertus mêmes, elle va prendre sa part du deuil général qui voile le pays. Les Anglais, maîtres depuis long-temps d'une partie de la France, menacent de l'envahir tout entière; les journées de Crécy, de Poitiers et d'Azincourt, leur ont livré sa capitale, et

Henri V, roi d'Angleterre, met sur sa tête une double couronne. Dans cette longue et sanglante lutte de la France et de l'Angleterre, un grand nombre d'anciennes maisons périrent, toute la noblesse éprouva des pertes immenses. La famille des Montmorency eut aussi sa part des malheurs communs; plusieurs de ses membres furent tués, blessés ou dépouillés de leurs héritages. Un incendie détruisit la ville de Montmorency en 1356 et une troupe de brigands, composée d'insurgés de la Jacquerie et d'Anglais de la garnison de Creil, renversa le château qui n'a pas été rebâti depuis. Les Montmorency n'épargnèrent pas plus alors leur liberté que leur vie et leur patrimoine. Charles, petit-fils de Mathieu, s'offrit avec son cousin pour aller prendre la place du roi Jean, retenu captif en Angleterre, et plus tard, afin de faciliter la conclusion d'un traité imposé par l'ennemi à la France épuisée et vaincue, on le vit satisfaire aux engagemens de la couronne avec les deniers provenus de la vente de ses domaines. Quand il eut ainsi contribué au salut de son pays, son beau désintéressement lui mérita le noble privilége de tenir sur les fonts de baptême le jeune prince Charles VI, alors l'espoir de la France, et qui fut appelé Charles *pour mon-*

seigneur de Montmorency qui ce même nom portoit.

Bientôt, avec la Pucelle d'Orléans, les beaux jours reviennent pour la monarchie; ils reviennent aussi pour la maison de Montmorency. Peu à peu, à mesure que le roi reconquiert son royaume, elle se met, de son côté, en possession de ses anciens héritages. Ses domaines de l'Ile de France, de la Picardie, de la Champagne, de la Brie, lui sont successivement restitués, et le traité d'Arras réintègre Jean II dans ses biens de l'Artois et de la Flandre, qu'il tenait de sa femme Jeanne, et qui devinrent, à sa mort, l'apanage de la branche de Fosseux.—Nous sommes arrivés à l'époque où cette famille prend naissance.

Jean II venait ainsi de remonter à la haute fortune de ses ancêtres; aucun d'eux n'avait même possédé autant de terres que ce descendant de Burchard. Il avait trois fils; Jean de Nivelle et Louis de Fosseux, de sa première femme; Guillaume, de Marguerite d'Orgemont. Les deux aînés, en butte aux intrigues et aux mauvais vouloirs de leur marâtre, qui influençait l'esprit de son époux au profit de son propre fils Guillaume, avaient de bonne heure déserté la maison paternelle devenue pour eux insupportable; et, comme les lois féodales faisaient un devoir à tout vassal de marcher sous la bannière de son seigneur, ils étaient allés se joindre à la ligue du bien public, pour ne pas perdre les riches héritages de leur mère relevant du duc de Bourgogne. Leur père, quand il l'apprit, les somma, à son de trompe, de revenir dans les armées du roi; ce fut en vain. Un ancien proverbe, et qui date d'alors, nous l'apprendrait au besoin, Jean de Nivelle ne répondit à cet appel que par la fuite. Louis de Fosseux l'imita, et ni l'un ni l'autre n'ayant comparu, leur père, dit l'historien André Duchesne, les traita de chiens et les déshérita. Guillaume, le troisième fils de Jean, l'enfant bien-aimé de Marguerite d'Orgemont, gagna tout à la révolte de ses frères. Le 28 octobre 1472, il lui fut fait donation entière de la seigneurie de Montmorency et de tous les biens qui en dépendaient.

Par cette révolution de famille, deux nouvelles branches sortirent de la maison de Montmorency, celle de Nivelle et celle de Fosseux. Elles eurent pour apanage les biens de Jeanne de Fosseux, leur mère. Cependant, Louis n'avait pas accepté son exhérédation comme définitive, et la représentation en faveur des enfans n'étant pas admise dans la coutume de Paris, il réclama pour lui-même, à la mort de son aîné, toute la succession de son père. Deux arrêts du parlement le forcèrent à se désister. Il parvint néanmoins à transiger par la suite avec Guillaume, pour une partie des biens paternels, et, si la seigneurie de Montmorency lui échappa, d'immenses domaines purent le consoler de sa non-réussite. Il était baron de Fosseux, seigneur de Barly, d'Auteville, de la Tour de Chaumont en Vexin, de Wastines, de Roupy et de Nomain; il était en outre conseiller et chambellan de Charles VIII.

Arrivé à ce point de la généalogie des Montmorency, c'est avec regret que nous renonçons à suivre les destinées de la ligne directe qui se continue dans Guillaume et produit dans ses trois générations successives, trois des plus illustres guerriers de la France : le grand connétable Anne de Montmorency, Henri Iᵉʳ et Henri II. Avec ce noble et chevaleresque Henri II s'éteignit, en 1632, la branche seigneuriale de Montmorency. Fait prisonnier à Castelnaudary, il paya de sa tête une rébellion dirigée bien moins contre son roi que contre Richelieu, son ministre. On connaît les paroles que son accusateur prononçait devant la cour de Toulouse. « Le sang, le feu et » la fumée dont il était couvert, disait le témoin,

» m'ont empêché d'abord de le distinguer, mais
» voyant un homme qui, après avoir rompu six
» de nos rangs, tuait encore des soldats au sep-
» tième, j'ai jugé que ce ne pouvait être que
» M. de Montmorency. Je ne l'ai su certaine-
» ment que lorsque je l'ai aperçu à terre, percé
» de coups, sous son cheval mort. »

Par la mort du dernier descendant de Guillaume, la branche de Montmorency-Fosseux devint
la première de la race, car, elle était devenue
l'aînée, en 1570, par l'extinction des seigneurs de
Nivelle. A différentes époques de son existence,
elle s'était partagée en trois rameaux, celui des
Montmorency-Fosseux, celui de Montmorency-
Bouteville, plus tard, Montmorency-Luxembourg
qui produisit le grand maréchal, et celui de Wastines.

C'est au premier qu'appartient le duc actuel
de Montmorency. Son père, Anne-Léon II, né
le 11 août 1731, premier baron chrétien et premier baron de France, chef des noms et armes
de sa maison, fut d'abord connu sous le nom de
marquis de Fosseux ; mais en 1746, ayant épousé
Anne-Charlotte, duchesse de Montmorency, il fit
entrer un duché femelle dans sa famille, devenue ducale par ce mariage.

Les détails qui précèdent sur la généalogie de M. de Montmorency, quelque longs qu'ils puissent être, ne nous ont pas paru déplacés comme introduction à sa biographie ; et, délivré désormais du soin d'établir son origine, nous pourrons parler plus à notre aise de l'homme en lui-même et de ses actes.

Anne-Charles-François, duc de Montmorency, naquit à Paris, le 12 juillet 1768. Quoiqu'on fût aux dernières années du dix-huitième siècle, sous le règne de Voltaire et des encyclopédistes, son éducation ne se ressentit point de l'influence des théories irréligieuses qui s'infiltraient partout sous le patronage même des grands seigneurs de la cour. Le culte de l'esprit tendait, il est vrai, à détrôner la religion du cœur et à convertir à d'ingénieux paradoxes les hautes classes d'une société indifférente ; mais, tout en se prêtant à des mœurs et à un langage dont la spirituelle faconde voilait la corruption, l'aristocratie veillait attentivement sur l'éducation de l'enfance, et celle du duc de Montmorency fut l'éducation traditionnelle de l'ancienne noblesse. Dans cet âge tendre où le cœur accepte, sans les discuter, et pour ainsi dire de mémoire, les notions et les sentimens qu'on lui inculque, le jeune

Montmorency apprit ces formules pratiques du catholicisme qui servent de jalons lumineux, aux époques d'égaremens et de passions, et guident bien mieux dans la vie que tous les systèmes de philosophie. Nous ne savons s'il les perdit jamais de vue, mais aujourd'hui son aménité de caractère, sa piété généreuse et aimable, sa religion éclairée et bien entendue, toutes ces vertus qu'il pratique avec cette grâce facile que donne une longue habitude, semblent le résultat des enseignemens des premières années et font de sa vie une des plus honorables et des plus utiles à l'humanité. Mais nous parlerons plus tard de son âge mûr, disons encore quelques mots de sa jeunesse.

Destiné par sa naissance à commander dans les armées du roi, tout dans sa famille montra à M. de Montmorency des exemples d'antique bravoure et de vertu militaire. Dans les récits glorieux du passé de la France, il trouvait à chaque instant les traces de ses illustres aïeux. La lecture de leur vie et de leurs hauts faits était la passion de sa jeunesse ; dans leur loyauté chevaleresque et leur grand courage, il puisait le désir d'égaler leur gloire plus encore que la crainte de forligner. Quand on a ainsi derrière soi

une longue suite d'ancêtres, on s'habitue facile-
ment à faire de leur histoire une partie inté-
grante de sa propre individualité et de leur existence comme les antécédens de sa vie. L'infu-
sion du courage et de la vertu se fait par le souvenir traditionnel. Pourquoi parler maintenant de
ces mœurs polies, de cette franche honnêteté de
caractère, de cette élégance de manières qui furent toujours le partage de la haute société française et dont l'apprentissage fut d'une étude si
facile pour M. de Montmorency. Il les possédait
comme par droit de naissance. La devise de la
noblesse était encore : *Dieu, le roi et les dames ;*
elle fut dans ses trois objets le pivôt sur lequel
roula l'éducation du jeune seigneur.

A peine âgé de dix-sept ans, il entra dans les
gardes-du-corps de la compagnie de Luxembourg, pour passer de là, après deux ans de no-
viciat, dans le colonel-général dragon, en qualité
de cornette, grade qui équivalait à celui de capi-
taine. En 1788, il épousa Anne-Louise-Caroline
de Goyon-Matignon, née à Naples, le 3 mai 1774,
fille de Charles-Auguste Goyon, comte de Matignon. Le goût des voyages commençant à se ré-
pandre en France, à l'exemple des Anglais, ces
grands coureurs de l'univers; le baron de Mont-

morency partit de Paris dans les premiers jours du mois de janvier 1789, pour aller visiter l'Italie. Il y était à peine, quand la révolution française éclata.

Les états-généraux constitués en assemblée nationale le lendemain de leur convocation, ne laissaient pas que d'inspirer de vives craintes aux grandes familles de France. Les commencemens pourtant, après quelques hésitations de la part de la cour, s'annonçaient sous d'heureux auspices. Une joie universelle, alors que les réformes n'étaient qu'en projet, semblait dissiper les premières appréhensions. D'une part, on ne comptait pas de légers sacrifices; de l'autre, dans la confiance de l'avenir, on exigeait encore peu et on se montrait reconnaissant. Mais les transactions entre les ordres privilégiés et le peuple devinrent bientôt menteuses et illusoires. Le lendemain des fêtes patriotiques qui réunissaient un instant toute la nation dans un même esprit et dans un même enthousiasme, les dissidences prenaient la place du désintéressement, les réflexions succédaient aux transports, et les partis se formaient, se séparant de plus en plus, par des prétentions contraires; les uns regrettant d'avoir trop cédé, les autres d'avoir trop peu obtenu.

La conciliation des intérêts respectifs commença à paraître impossible. Alors la noblesse s'aperçut avec effroi qu'un premier sacrifice n'avait été que le premier pas qui allait l'amener, par une suite de concessions volontaires ou forcées, à'n'être rien dans l'état ; ses défiances et son aversion pour l'ordre nouveau s'en accrurent. La suppression décrétée par la Constituante des titres nobiliaires, mit le comble à son mécontentement. Elle avait souffert jusque-là que ses intérêts fussent blessés , sa suprématie abattue, mais l'orgueil, plus puissant que tous les intérêts, se révolta à cette atteinte portée à l'existence historique des familles. Elle émigra alors en foule pour protester, par l'absence, contre cette violation de ses droits, et se réserver ainsi une restitution éclatante qu'elle espérait dans l'avenir.

A cette nouvelle de l'exil volontaire de la noblesse, de cette incertitude dans son existence, M. le baron de Montmorency accourut en toute hâte vers la France. Il y était de retour le 12 juillet, et retrouvait son père et sa mère dans le deuil et les alarmes, retirés à quelque distance de Paris, dans une de leurs terres. Mais sa femme, la jeune baronne de Montmorency, dont les inquiétudes et les dangers l'avaient si vivement

affecté dans son voyage, qu'était-elle devenue ?
A quinze ans, dans toutes les grâces de l'âge et
de la beauté, entourée des prestiges du luxe et
de la naissance, alors que la vie s'annonçait à
elle si heureuse dans une famille illustre et puis-
sante, c'était du malheur qu'elle faisait l'apprentissage, c'était la mise à prix de la tête de son
grand-père que la destinée lui renvoyait en ré-
ponse à ses espérances ; elle était obligée de prendre le chemin de l'exil lorsque ses yeux se tour-
naient vers la fastueuse capitale de Louis XIV. Elle
n'avait pas balancé un instant à partager la pros-
cription du baron de Breteuil, et elle s'était ren-
due à Spa, avec lui et madame de Matignon, sa
mère. Le baron de Montmorency s'empressa
d'aller les y rejoindre. Réuni à sa seconde famille, il quitta bientôt Spa pour Soleure. C'est là
que son épouse lui donna, le 14 décembre 1790,
son premier fils, le baron Anne-Louis-Victor-
Raoul de Montmorency. Son séjour à Soleure se
prolongea jusqu'en juin 1791, époque où sa piété
filiale lui fit un devoir de le quitter pour se rap-
procher de son père, le duc Anne-Léon, qui,
émigrant à son tour, s'était réfugié dans sa terre
de Modave, située dans le pays de Liége. Le baron de Montmorency établit sa femme à Bruxel-

les, et lui, allant successivement de cette ville à Modave, partageait son temps et ses soins entre ses deux familles.

Cependant, l'Assemblée constituante, irritée de la résistance des privilégiés à ses réformes, opposait chaque jour les proscriptions aux refus. Un décret du mois de mars 1792 vint frapper de confiscation les biens des émigrés qui ne rentreraient pas au plus tôt en France. M. le baron de Montmorency était à Bruxelles quand il apprit cette dernière mesure de la Constituante pour réduire la noblesse ; et moins par intérêt personnel que par le noble désir de sauver sa famille d'une ruine imminente, il vole à Paris, sans se laisser épouvanter par des pressentimens trop bien motivés. Il revient habiter son hôtel avec résolution, sinon avec pleine confiance, et fait constater hautement sa présence, pour empêcher la vente de ses biens. Mais ses biens se vendaient toujours nonobstant les certificats de résidence. Au milieu des inquiétudes que lui causaient ses intérêts privés, il assista avec effroi à la journée du 20 juin, triste prélude du 10 août, et dans laquelle Louis XVI, calme et plein de dignité au milieu des fureurs de la populace qui envahissait son palais, sut prolonger quelques jours encore l'agonie de la royauté. Les périls croissaient à chaque instant pour les hommes qu'on soupçonnait ennemis du gouvernement nouveau. M. de Montmorency fut obligé de se cacher d'abord, et un mandat d'arrêt lancé contre lui, l'obligea de reprendre le chemin de l'exil. Il partit assez à temps pour échapper à tous les dangers.

Le parti des émigrés se recrutait, à chaque décret de la Constituante, de nouveaux mécontens Coblentz devint bientôt le centre de leurs réunions, le chef-lieu de ce qu'on appelait à l'étranger la France extérieure. C'était là que se méditaient les projets les plus extraordinaires contre la révolution naissante, que se nouaient, sans interruption, des intrigues avec Louis XVI, prisonnier au milieu de son peuple. Une armée s'y organisa et tous les nobles furent appelés à venir se ranger sous le drapeau de l'ancienne monarchie. Réveillant à propos tous les vieux sentimens d'honneur et de fidélité, on invitait, au nom des traditions glorieuses du passé, tous les cœurs loyaux et courageux à venir se rallier autour des princes, descendans de Henri IV et de Louis XIV. On envoyait des quenouilles aux retardataires en signe de mépris ; les séductions de la beauté achevaient d'entraîner les hommes modérés et généreux, chez qui l'amour instinctif de la patrie combattait le culte des souvenirs. Que de motifs pour croire que cette patrie était du côté où l'on voyait ses défenseurs d'autrefois., toutes ses illustrations d'hier ! M. de Montmorency put se rendre le témoignage qu'il ne cédait qu'à un loyal entraînement, en allant prendre sa place dans les rangs de l'armée des princes. Il fit avec eux la campagne de 1792, comme simple cavalier. Mais s'il avait consenti à s'associer à une armée de Français, dans le but de reconquérir des droits à ses yeux légitimes, il ne crut pas pouvoir le faire avec honneur dès qu'on appelait l'étranger pour soutenir cette cause. Il quitta l'armée des émigrés, quand elle se fut réunie aux armées de la coalition, et revint habiter Bruxelles avec madame de Montmorency.

Dès-lors, en exil, sans compensation d'espérances, condamnant même des espérances qui cherchaient leur réalisation coupable dans l'asservissement de la France, il se résigna à reculer devant les armées de la république qui envahissaient la Belgique et l'Allemagne, et résida successivement à La Haye, à Hambourg et à Munster. Les yeux fixés sur les événemens intérieurs de son pays, il attendit, avec une juste espérance les résultats de la réaction thermidorienne qui présageait le retour de l'ordre et de la modération. Le jour de la pacification arriva enfin; les frontières de la France s'ouvrirent en 1799 devant la noblesse disséminée à l'étranger. Cette année même, mourut à Munster le vieux duc de Montmorency, et ce ne fut qu'en 1800 que son fils put définitivement rentrer en France. Il y recueillit, à son arrivée, les faibles débris du patrimoine de sa famille, parmi lesquels se trouva le château de Courtalain, situé dans le pays Dunois. Par des acquisitions successives, il y rattacha toutes les terres qui en dépendaient autrefois, et que la révolution avait fractionnées et vendues. Aujourd'hui ce riche domaine, amélioré, tous les ans, par une administration soigneuse et habile, est une des plus belles propriétés de France. C'est là que M. de Montmorency passe une partie de l'année, au milieu d'une population heureuse par ses bienfaits. Après la révolution et sous le règne de l'égalité, il peut encore se croire le seigneur de tous les villages environnans, sur lesquels il n'a conservé que l'autorité de la protection, que le droit efficace de soulager constamment leurs besoins. Aussi, le jour de l'arrivée du duc dans sa campagne, est un jour de fête pour le joli bourg de Courtalain.

Du reste, la suprématie qu'il tenait autrefois de sa naissance, il la recevait maintenant de l'élection populaire. A son retour de l'exil, il avait été nommé maire de Courtalain, et il en a conservé depuis lors les fonctions modestes, bénissant, avec sincérité, cette institution paternelle de la révolution qui le met de nouveau en contact avec les laboureurs, ses amis, dont il eut toujours à cœur d'améliorer le sort. M. de Montmorency n'était pas de ces esprits envieux qui craignent sans cesse l'élévation des classes inférieures de la société, qui croient perdre tout l'esprit et toute l'instruction que les autres acquièrent. Loin de professer cette maxime, que les paysans doivent toujours rester ignorans pour rester toujours heureux, il cherchait avec bienveillance à les faire participer, autant qu'il le pouvait dans sa petite sphère d'action, aux premiers avantages de l'instruction élémentaire. Une école fut bâtie par ses soins près du château; et il aimait, par intervalles, à visiter les écoliers dans leur classe, à encourager leurs progrès par des éloges et des récompenses.

Sa sollicitude s'étendait également sur les écoles des villages voisins. Ceux qui s'y faisaient remarquer par des dispositions précoces pour l'étude et la science, obtenaient du bienveillant visiteur des faveurs autrement signalées. Il les amenait avec lui à Paris, pour leur ouvrir les portes du séminaire ou du collége ; et des dotations leur assuraient leur entretien jusqu'à l'achèvement de leurs études. L'église du village avait sa part de soins et d'embellissemens ; ses murs étaient réparés ainsi que ceux de la mairie. Tout reprenait dans le bourg un air neuf et d'apparât qui indiquait le retour du maître. Les chemins vicinaux étaient mieux entretenus, on en perçait d'autres, nécessaires ou commodes, et en face de tant de dépenses, les revenus de la commune augmentaient chaque année. Le maire de Courtalain entreprenait tous ces travaux avec un revenu de trois cents francs et, les travaux les plus utiles exécutés, ce revenu se trouvait être de dix-huit cents. C'était presque la multiplication des sept pains.

Ça été une longue carrière d'homme de bien et de bienfaiteur du peuple que celle du duc de Montmorency. Si les honneurs sont venus le distraire un jour de ses modestes et utiles fonctions, ils n'ont été qu'un accident dans cette vie qui fuyait l'éclat et les grandeurs turbulentes ; il ne les préféra jamais aux devoirs que s'imposait son activité généreuse. A cette époque, il se présenta à lui un moyen plus large de l'exercer et tout aussi efficace. Au milieu du silence intérieur de l'empire , alors que le tribunat était détruit, que les assemblées législatives faisaient taire toutes velléités de résistance pour un obséquieux mutisme, il se formait dans les départemens une institution modeste et utile qui répandait sans prétention, et presque à la dérobée,des bienfaits partiels , mais importans et continus, sur les localités où elle était établie : c'était celle des conseils-généraux. Sur ce terrain neutre où tous les partis pouvaient faire le bien sans arrière-pensée, sans provoquer le soupçon, se réunissaient tous les hommes justement honorés par leurs lumières ou leur antique noblesse; les notabilités de la science , des arts, de l'agriculture et du commerce. C'était là, pendant que toute la France s'en reposait sur le chef de l'état pour son existence extérieure, que les hommes sages et sans ambition délibéraient, votaient sur les roûtes vicinales, sur les prisons , les hospices, les maisons de travail et de bienfaisance publique, en un mot, sur tous les besoins modestes des villes et des campagnes; et, par le concert des conseils-généraux de tous les départemens, la France trouvait un bien-être matériel au niveau de sa gloire militaire.

C'était dans les conseils-généraux que les familles de la noblesse, pleines de réserve pour l'empire et sans désir de partager ses honneurs, allaient employer leur activité, confuse de rester inutile dans un isolement sans objet : les La Rochefoucauld, les Choiseul, les Molé, les Broglie, les Crillon, et cent autres maisons illustres bornaient là leur action et leur gloire. M. de Montmorency fut porté par l'élection en 1801, dans le conseil-général d'Eure-et-Loir, et pendant dix-sept ans il resta fidèle à cette institution. Ainsi passèrent pour lui les glorieuses années de l'empire. Caressé par Napoléon qui cherchait à rallier autour de son trône nouveau l'aristocratie de la vieille monarchie, il en avait reçu le titre de comte en même temps que madame de Montmorency, son épouse, nommée dame du palais de l'impératrice, était appelée par l'éclat de son origine et la haute distinction de ses charmes, à faire l'ornement d'une cour qui s'efforçait de ressusciter l'ancienne.

Nous touchons à l'époque la plus marquante dans la vie publique de M. de Montmorency. Les succès prodigieux des armées de l'empire avaient chaque jour brisé, par une trop grande tension, les ressorts de cette puissance toute militaire. De grands revers suivaient d'éclatantes victoires ; la France, après vingt ans de conquête, se voyait menacée dans son propre territoire. A l'approche du danger, des gardes nationales se formèrent, sur tous les points, vers la fin de 1813. Pour couvrir le territoire entamé par l'invasion ennemie, l'empereur fit un appel à ces milices citoyennes qu'il avait immolées autrefois à ses projets ambitieux ; il en pressa partout l'organisation et l'armement. M. de Montmorency, dans ces graves circonstances, fut appelé par un vote unanime à commander la garde nationale d'Eure-et-Loir. Il y avait, comme on le voit, assaut de protection et de gratitude entre le membre du conseil-général et ses concitoyens. L'année suivante, forcé de se démettre pour aller occuper à Paris le grade d'aide-major-général, il eut la satisfaction de voir tous les suffrages qui l'avaient nommé dans son département se reporter sur son fils.

Le 17 janvier 1814, M. de Montmorency, alors comte de l'empire, vint prêter serment avec tous les officiers supérieurs de la garde nationale de Paris entre les mains de Napoléon. Le chef de l'état se faisait plus gloire alors du titre de commandant-général de cette milice que de sa dignité d'empereur. Ce retour aux institutions de la révolution était peut-être sincère, mais il fut trop tardif; il ne put conjurer les partis, ni sauver la France. Deux mois plus tard, les alliés marchaient sur la capitale. Ce fut alors, dans la nuit funeste où ils firent leur entrée dans Paris, celle du 31 mars au 1er avril, que le duc de Montmorency eut une grande mission à remplir. Des quatre aides-majors du maréchal Moncey, commandant de toutes les forces de la place, trois s'étaient retirés aux approches de l'ennemi; le maréchal Moncey lui-même, que l'empereur ne voulait pas exposer à devenir prisonnier, avait reçu précipitamment l'ordre de quitter Paris. M. de Montmorency, le seul aide-major-général resté auprès de sa personne, fut investi de son commandement. Cette prise de pouvoir sans préparation, dans les circonstances les plus tristes, imposait une tâche difficile et périlleuse. Les alarmes et l'incertitude régnaient partout, au bruit des armées faisant irruption de tous côtés. S'opposerait-on à leur marche, leur disputerait-on une proie trop facile? Il y en avait qui le voulaient, mais le tenter paraissait aussi dangereux qu'inutile. Des partis de garde nationale étaient allés pourtant combattre aux barrières, d'autres s'agitaient. Quelques bataillons ne prenant le mot d'ordre que de leurs craintes ou de leurs sympathies, voulaient arborer la cocarde blanche que d'autres repoussaient pour celle de 89. Une violente dissension pouvait éclater à chaque instant et ajouter la guerre civile aux fléaux de l'invasion. Le commandant-général ordonna des revues, se porta sur tous les points, calma les craintes et l'irritation par des paroles de modération et d'espérance, contint par sa vigueur toute démonstration imprudente, évita de prendre parti dans des discussions intempestives, et, décidé à ne pas agir pour éviter contre Paris de cruelles et faciles représailles, il temporisa tour à tour par des concessions et des résistances, jusqu'à ce que le sénat conservateur se fut réuni pour nommer un gouvernement provisoire. Le matin du 1er avril, les souverains alliés étaient établis dans Paris sans effusion de sang. Ils voulurent alors, pour premier acte de leur puissance, casser la garde municipale ; mais aussitôt qu'il l'apprit, M. de Montmorency accourut au quartier-général du prince Schwartzenberg, et se portant garant des intentions pacifiques du corps qu'il commandait, il le sauva une seconde fois de sa ruine.

Pendant ce temps, le sénat s'était réuni à la hâte sous la présidence du vice-grand électeur, le prince de Bénévent, et avait nommé une commission de cinq membres chargée provisoirement du gouvernement de la France. Ces membres étaient : MM. de Talleyrand-Périgord, président ; l'abbé de Montesquiou, le général Beurnonville, Jaucourt et le duc d'Alberg. Le lendemain de sa nomination, le gouvernement provisoire s'occupa de la réorganisation de la garde nationale ; mais sans égards pour le chef habile qui avait assuré l'existence compromise de cette milice, il lui en retira le commandement pour le conférer à M. le général Dessoles. Voici l'avis officiel que M. de Montmorency reçut de cette décision le 2 avril 1814 : « Le général Dessoles est nommé général » en chef de la garde nationale de Paris, M. le » baron de Montmorency qui la commande provi- » soirement est invité à lui en remettre le com- » mandement.

» Paris, le 2 avril 1814.

» Le prince DE BÉNÉVENT, le général BEUR- » NONVILLE, François JAUCOURT, l'abbé DE » MONTESQUIOU, le duc D'ALBERG. »

Le 8 avril, Louis XVIII fut définitivement rappelé en France avec toute sa famille et replacé sur le trône. L'ancienne aristocratie vint reprendre sa place autour de la monarchie restaurée ; un article de la charte constitutionnelle lui rendit tous ses titres de noblesse anéantis autrefois. C'est de cette époque que M. de Montmorency prit le titre de duc qui, d'après l'ancien ordre de transmission, lui appartenait depuis la mort de son père. Cependant, tout en se montrant reconnaissant, d'un côté, envers les fidèles serviteurs de sa cause, le gouvernement de Louis XVIII cherchait, de l'autre, à intéresser à son maintien tous les esprits distingués, par son respect pour les droits acquis pendant la révolution et l'empire. Afin d'allier la splendeur des anciens noms aux illustrations de la veille, il appelait dans la Chambre des pairs, à côté des Lanjuinais, des Laplace, des Masséna, les anciens pairs du royaume et les grands noms nobiliaires. Le 24 juin 1814, à la séance d'ouverture de la Chambre des pairs, M. le duc de Montmorency en fut nommé membre. Il reçut la même année, le 27 juin et le 5 septembre, les décorations de Saint-Louis et de la Légion-d'Honneur. Il est devenu officier de ce dernier ordre le 19 août 1823, et commandeur après 1830.

Peu ambitieux et nullement courtisan, M. le duc de Montmorency avait salué dans le rétablissement des Bourbons le retour à la religion des souvenirs monarchiques en même temps qu'une ère de calme et d'ordre pour le pays. Aussi, fut-ce avec peine qu'il envisagea l'imprudence de certaines mesures par lesquelles la restauration préludait à ses fautes; il se présenta dès-lors, moins souvent à la cour; mais comme il n'avait jamais joué de rôle, son éloignement se fit insensiblement et sans bruit. A la mort de sa mère, Madame la duchesse douairière de Montmorency, il trouva dans sa part d'héritage une fortune indépendante, et il s'empressa de renoncer à une pension de douze mille francs qu'il recevait annuellement du roi, pour soutenir avec aisance la dignité de pair.

Il se sentait, du reste, de plus en plus attiré vers l'exercice des vertus douces et généreuses. Les œuvres de bienfaisance qui faisaient la plus chère occupation de sa vie, l'arrachaient doucement et sans regret du sein des grandeurs. Dans l'intervalle des sessions de la Chambre des pairs, il se retirait dans ses terres de Courtalain, où il ouvrait, dans son château, une hospitalité pleine de charmes à des visiteurs illustres ou à des amis malheu-

reux. Ses anciens administrés n'étaient pas ou-
bliés dans ses voyages, c'était pour eux qu'il aimait à se servir de son crédit ; c'était dans ses
rangs les plus modestes et les plus dédaignés,
qu'il cherchait à servir la société. Chaque année
il inspectait les écoles, faisait des dons aux égli-
ses, étendait ses bienfaits sur les villages qui
avoisinaient son domaine. De retour à Paris, de
nouveaux besoins venaient solliciter sa charité
inépuisable ; c'étaient les nécessiteux du faubourg
Saint-Germain qui venaient frapper à la porte de
son hôtel ; et jamais ils ne trouvaient le noble
duc sourd à des demandes que lui-même provo-
quait. Les sociétés de bienfaisance et d'encoura-
agement l'appelaient à l'envi dans leur sein, et il
se faisait un honneur de les présider. Les dis-
cours qu'il prononçait dans leurs séances, res-
piraient cette douce aménité, cette humanité
bienveillante qui ajoutent à la puissance des
exhortations et au prix des secours.

La révolution de 1830 trouva le duc de Montmorency préoccupé de ces pieux intérêts. Ce fut
sans contrainte qu'il se rallia au nouveau gouvernement dont il partageait les idées. D'anciennes liaisons d'amitié avec le duc d'Orléans,
dont son fils avait été aide-de-camp, contribuè-

rent encore à le rattacher au nouvel ordre de choses. Mais du reste, alors pas plus qu'autrefois, il n'était dans sa pensée de séparer la cause du gouvernement de celle du pays ; il crut que c'était la France qu'il fallait avant tout avoir en vue. Aussi, continua-t-il à siéger à la Chambre des pairs après les journées de juillet ; il y resta encore, lorsque la suppression de l'hérédité de la pairie vint affliger son cœur paternel, à la pensée qu'il ne pourrait transmettre à son fils une dignité honorable et bien remplie. Aujourd'hui, il continue d'assister assiduement à toutes les séances. Du côté du pouvoir dans les mesures d'ordre et de sûreté générale, mettant le bien-être et la tranquillité de la patrie au-dessus des querelles des partis, il appuie de son vote consciencieux les opinions modérées et les lois utiles à la France.

Quant à sa vie privée, elle n'a pas changé non plus depuis 1830. M. le duc de Montmorency est encore ce qu'il était hier, ce qu'il sera demain, le patron de l'infortune, le protecteur de toutes les entreprises utiles, l'ami éclairé des sciences et des arts. Les académies d'agriculture, de commerce, d'industrie, n'ont pas d'associé plus dévoué et plus influent. Tour à tour, il préside la société de statistique universelle et celle de l'industrie française ; constamment il vient en aide à toutes les sociétés de ce genre qui, par de modestes travaux, préparent les grandes découvertes et sont à-la-fois le canal par où les hautes sciences descendent dans la pratique et la répandent dans l'instruction populaire.

C'est ainsi que M. le duc de Montmorency a compris le rôle de grand seigneur dans la société moderne. Un instant, il a accepté la vie publique pour y rendre, dans de graves circonstances, de nobles services ; mais, quand des ambitions nouvelles se sont emparées du pouvoir en parlant sans cesse aux Français de leurs droits de citoyens, il s'est retiré pour s'occuper de leurs besoins en qualité d'hommes. Issu de race antique et portant un cœur dévoué à la patrie, il n'a cherché à prendre du rôle de la noblesse d'autrefois, qu'une seule de ses faces, celle de philosophe vertueux et bienveillant.—*Dieu ayde au premier baron chrestien !* était le cri des Montmorency dans le combat ; ce sera en l'honneur du descendant de ces héros, celui de l'humanité reconnaissante.

MONTMORENCY (LE BARON DE). — Anne-Louis-Victor-Raoul DE MONTMORENCY, fils du précédent, est né le 14 décembre 1790, à Soleure en Suisse, où ses parens étaient venus dès le commencement de la révolution française se mettre à l'abri des orages politiques qui menaçaient la France et les grandes familles de la noblesse. Né dans l'exil, il passa les premières années de l'enfance sur les routes de l'Allemagne dans les inconvéniens de continuels voyages, suivant, tour à tour, ses parens de Soleure à Bruxelles, de Bruxelles à Dusseldorf et à La Haye. Se séparant alors de son père, resté près du vieux duc de Montmorency, il suivit le barou de Breteuil en Angleterre, avec sa mère et madame de Matignon, et passa ensuite avec elles en France. Elles venaient courageusement essayer, à la faveur de la réaction qui s'opérait sous le Directoire, de sauver du naufrage de leur fortune quelques débris pour ce nouvel héritier de leur nom.

C'était à la fin de 1796 ; les royalistes devenaient chaque jour plus puissans en France ; l'a-

néantissement du parti révolutionnaire, du parti
de la populace, avait eu pour contre-coup de
faire surgir celui de la monarchie; et déjà ce
dernier se faisait assaillant. La journée du 13
vendémiaire ne l'avait pas découragé; les élec-
tions de l'an V venaient de l'introduire dans le
gouvernement légal. Maître des conseils par leurs
présidens Pichegru et Barbé-Marbois, il prépa-
rait ouvertement une insurrection contre le pouvoir exécutif, quand le Directoire le prévint dans
la journée du 18 fructidor. Le Directoire sortit
vainqueur encore une fois de la lutte, mais il usa
sans ménagement de la victoire. La violence pré-
sida à toutes les mesures; il procéda envers les
royalistes par des proscriptions en masse. Il ne
les envoya pas à l'échafaud comme la Conven-
tion, mais il les condamna à la déportation et à
l'exil. En dehors des membres du Corps légis-
latif qui furent arrêtés, tous ceux qui avaient
fait partie de la maison militaire des Bourbons,
tous ceux qui avaient protesté contre l'abolition
de la noblesse et qui en avaient conservé les titres, durent quitter le territoire de la république.

Ce fut le signal d'une dernière émigration. Madame de Matignon et sa fille durent une seconde
fois s'arracher aux douceurs du sol natal et aux

embrassemens du jeune de Montmorency, leur fils, qu'ils laissèrent à Paris, confié aux soins de M. Chalandray, son oncle. Ce ne fut qu'en 1800 que M. de Montmorency se vit définitivement réuni à sa famille, au moment où celle-ci rentra en France. A l'âge de dix- sept ans, il embrassa le métier des armes. La bravoure et la noblesse faisaient rapidement fortune sous Napoléon ; M. de Montmorency devint successivement en trois ans, sous-lieutenant, aide-de-camp du maréchal Davoust et officier d'ordonnance de l'empereur. Une grave maladie l'ayant forcé en 1812 de quitter les armées, Napoléon le nomma son chambellan le 21 novembre 1813. L'année suivante le vœu unanime de la garde nationale d'Eure–et-Loir l'appela à l'honneur de la commander, en remplacement du duc de Montmorency, son père, nommé aide-major de la milice parisienne.

Au retour de la famille des Bourbons en France, M. de Montmorency prit le titre de baron qui lui appartenait par l'ancien droit de naissance. Il fut créé chevalier de la Légion-d'Honneur et officier du même ordre en 1814 et 1815, et devint, en même temps, aide-de-camp du duc d'Orléans, auquel il resta attaché en cette qualité jusqu'en 1820. Il rentra définitivement alors dans la vie privée, et avec d'autant plus d'attrait, qu'il épousa, la même année, Euphémie de Harchies, veuve de son oncle Thibaut de Montmorency.

Ce que nous avons dit du duc de Montmorency, de son amour du pays, de sa généreuse bienveillance, nous pourrions le répéter, en finissant, du baron son fils. Dans cette illustre famille, les nobles vertus, les rares qualités sont héréditaires comme la splendeur du sang ; et, à chaque génération de ces beaux caractères, de ces héros de l'humanité, un lien nouveau de loyauté et d'honneur vient rattacher les descendans à la gloire des ancêtres.

Charles Cassou.